1 Gwenda

[illegible]

Y WEFR O WELD

Y WEFR O WELD

Norman Closs Parry

Cyhoeddiadau Barddas

Argraffiad Cyntaf — Gorffennaf 1996

ISBN 1 900437 09 0

Y mae Cyhoeddiadau Barddas yn gweithio
gyda chefnogaeth ariannol Cyngor Celfyddydau Cymru,
a chyhoeddwyd y gyfrol hon gyda chymorth y Cyngor.

Cyhoeddwyd gan Gyhoeddiadau Barddas
Argraffwyd gan Wasg Gwynedd, Caernarfon

Cyflwyniad

Ym mis Awst 1992 y sylweddolais i fod Norman Closs Parry wedi dod allan o'i gragen fel bardd. Am flynyddoedd naturiaethwr disgybledig ydoedd i mi. Cyn 1992 'roedd rhai llengarwyr wedi sylweddoli fod yr holl amser a dreuliai fel adarwr, pysgotwr, cerddwr, arlunydd, darlithydd ac eisteddwr Sêt Fawr wedi meithrin y bardd ynddo. Am byth y cofiaf y wefr o weld ei wyneb yn syth wedi beirniadaeth y Goron ddydd Llun Y Genedlaethol, Aberystwyth 1992. Yn ystod y munudau cyfrin hynny sylweddolodd ei fod yn gallu cyfieithu y 'wefr o weld rhyw hen sgript ym myd natur' yn gerddi synhwyrus.

Yn y gyfrol hon ceir y wefr o weld y bardd yn arsylwi ar fyd natur yn ei holl ogoniant. 'Rydw i wrth ei ysgwydd yn gweld:

> Y lloer yn caboli Llyn Padarn
> yn ddarn o ddur.

'Rydw i wrth ei draed yn dysgu:

> Ni ddylit wfftio at y ffaith
> fod craith ynghlwm wrth harddwch.

'Rydw i â'm llygaid yn agor led y pen wrth iddo ddangos:

> yng nghesail ambell ddeilen
> y gwlith yn gwneud les o'r gwlydd.

'Rydw i'n ail-fyw dyddiau ym Môn yn y pumdegau pan wyliai pobl Rhoscefnhir y 'mwg trioglyd yn treiglo fel amdo du' ar lethrau Eryri yn nyddiau 'Haint y Traed a Genau'.

'Rydw i'n cydymdeimlo â'r bardd wrth iddo weld y newid ym mro ei febyd, gwefr sy'n siglo rhywun.

> Ddoe 'roedd crefft y llif a'r filwg
> Ar bob gwrych i'w gweld yn amlwg;
> Heddiw 'gored yw'r cynefin,
> Collwyd mwy na'r gwrych a'r priddyn.

Eto ail bennill 'Myfyrdod':

> Gweld y llyn a'r coed heb fywyd,
> Gweld ysbeilio cwmwd hyfryd;
> Gweld difodiant byd 'ers talwm',
> Gweld fy mod yn rhan o'r rheswm.

Drwy'r gyfrol mae Norman Closs, ei enw yng Ngorsedd y Beirdd, wedi ceisio dal 'gwynfyd y funud a fu o wir weld'. Mae'n cyflwyno ei brofiad i ni mewn sawl cerdd synhwyrus.

DAFYDD ISLWYN

Cynnwys

Celfyddyd

(Y Frân Alpinaidd Goesgoch)

Mae i gelfyddyd olud a dry'n elw
o adael i'w chyffyrddiadau
gael at gynfas y galon . . .

I'r golwg, dim ond mur gwyn caban coffi ar y Valluga*
ydoedd, ond yno wrth oedi
a syllu ar ffurfiau saith o wifrau yn we
blith-draphlith arno'n dres . . .

Cip, dyna i gyd a gefais o'r copa —
a chlywed ei chwiban fel galargan goll
a chael pinacl eu dycnwch hwy —
hen frain yr Alpau fry —
fflacs o blu fel parddu, a fflach aur eu pig
yn strytian a hedfan ar eu hald
yn ôl o'r rhew i'r brig i bigo . . .
pigo dim, dim i'm hedrychiad i.

Ond gwelais y bywyd, yr hud a roed:
arddull cyffyrddiad,
rhychwant a dyfnder edrychiad
o enaid arlunydd
i weiren ar y pared . . .

*Mynydd yn yr Alpau a yngenir *Falwga.*

Cerdd wrth gerdded

(Sul, Medi 17, 1989)

Haul bore o hydref fel efydd
yn loyw wedi nos o law,
cerddasom, dri ohonom, yn llawn hoen
heddiw i'r moddion
hyd lôn a oedd yn llawn o hud-lonyddwch
syber y dydd Saboth.

O edrych, hudlath hydref
a welem — yr anweledig wialen
yn cyffwrdd â deilen ar ôl deilen rudd
a'r rheiny'n disgyn . . . esgyn, ac eto'n ysgafn
fel llygoden yn sgytran cyn clecian i'r clawdd . . .

Ysgawen ac onnen, a'u dail gwyw, gwelw yn y golau
llachar, a ddangosai drymlwyth llwyn;
yno yng nghesail ambell ddeilen
y gwlith yn gwneud les o'r gwlydd,
a'r awyr yn felys-sur o sawr
hen felin y dadfeilio . . .

Trwsio Wal

(Cyfieithiad o 'Mending Wall' *gan Robert Frost)*

Mae rhywbeth sydd â'i fryd ar ddymchwel wal,
A yrr yr ymchwydd rhew o dan ei sail
Nes bwrw'r cerrig ar ei brig o'r bron,
A'i bylchu, fel y gellir bob yn ddau
Gerdded drwy'r hollt. Peth arall yw gwaith helwyr:
Bu'n rhaid i mi sawl tro dacluso'r clawdd
Ar ôl y rhain, am nad oedd maen ar faen
Lle gyrrent y gwningen o'i hymguddfan
I foddio cwyno'r cŵn. Y bylchau hyn
Na welodd neb eu cwymp na'u clywed 'chwaith,
Ond down bob tymor-trwsio ar eu traws.
Rhof wybod i'm cymydog dros y trum,
Cerddwn ar hyd y ffin, ac wedyn byddwn
Yn codi'r wal a'n ceidw ar wahân.
Y mae'n wahanfur rhyngom, fel y cerddwn;
Cadwn y meini sydd ar ein hochr ni,
Mae rhai fel torthau, rhai fel peli crwn:
Rhaid bwrw hud i'w cadw yn eu hunfan:
'Peidiwch â symud nes i ni ymadael!'
Rhygnwn y croen yn gignoeth wrth eu cludo.
Nid yw ond gêm neu gamp yn yr awyr iach,
Un ar bob ochr, nid yw'n ddim amgenach:
Yn wir, pa angen wal o gwbl sydd?
Coed pîn sydd ganddo, perllan gennyf innau,
Ni bydd fy afallennau'n croesi'r llinell
I fwyta moch ei binwydd, meddaf wrtho;
'Gwahanu dau a wna gymdogion da,'
Meddai. Ynof mae drygioni'r gwanwyn,
A mentraf blannu syniad yn ei ben:
'*Pam* mae gwahanu dau'n creu cymdogion da?
Gwir hynny lle bo gwartheg, ond ni cheir gwartheg yma.
Cyn codi wal dymunwn wybod beth
Y byddai yn ei warchod neu'n ei wahardd,
A phwy, o bosibl, a dramgwyddid ganddi;
Mae rhywbeth sydd â'i fryd ar ddymchwel wal,

A'i chwalu.' Gallwn ddweud 'ellyllon' wrtho,
Ond nid ellyllon monynt, a gwell gennyf
Pe bai'n dweud hynny'i hunan. Fe'i gwelaf acw
Yn cario cerrig, carreg ym mhob llaw,
Fel dyn cyntefig ag arfau cerrig garw.
Mae'n symud mewn tywyllwch, fel petai,
Nad gwyll y goedwig yw, na chysgod pren.
Mae'n mynnu glynu'n dynn wrth air ei dad.
Gan ymddiried yn y ddihareb, meddai eto:
'Gwahanu dau a wna gymdogion da.'

Colli Amser

Dros gyson chwarter canrif
bu onnen yma'n hardd
a'i changau blêr aneirif
yng nghornel clawdd fy ngardd.

'Wyth niwrnod' drud byd natur
fu hon, a'i thic a'i nod
yn taro'r oriau prysur
â phendil oriau'r rhod.

Daeth estron â'i li-gadwyn,
dadweindiwyd hi i ben,
a 'nawr mae bwlch yn achwyn
yn fud lle ticiai'r pren.

Y Groes

Ar gopa Bryn Pantasaff*
mae croes o liw y gwaed
a llawer gorsaf ati
i gofio'r 'llithriad traed'.

A'r haf yn ir mewn coedlan
nid amlwg y pren rhudd
fel pe bai 'rhwng y myrtwydd'
yng nghanol trwch y gwŷdd.

Pan yrr picellau'r hirlwm
i ystlys noeth y bryn,
y groes a atgyfodir
o fedd y rhod bryd hyn.

*Pantasaff — pentref ger Treffynnon,
lle mae brodordy a thaith pedair gorsaf ar ddeg y Groes.

Clychau'r Eos

Mae Awst dan amdo'i syrthni
a'r ha'n heneiddio'n drwm
gan ddangos aur-aeddfedrwydd
dros erwau llethrau'r cwm.

Yn 'sblennydd ar ben cloddiau
ac ymyl ffosydd sych
mae myrdd o flodau glasliw
yn deffro'r wlad â'u clych.

Yng nghanu cain y sypiau
ar wŷs pob chwa o wynt
fe welaf lygaid plentyn
ryfeddodd arnynt gynt.

O hyn hyd ddiwedd Medi
bydd clochdai'r fflur yn ffrwst
ac yna — dim ond adlef
fydd miwsig dyddiau'r trwst.

Engan

Fy ngeneth, wrth gyd-droedio'r rhos
min nos yn niwedd Chwefror,
fe welsom swp o gregyn mân
ar garreg lân liw mynor,
ac uwch ei phen bu trafod hir
am bwrpas engan ar y tir.

Cans dyna oedd y garreg hon:
bord gron i frith aderyn.
Yma yr hed a'r maen yn nod
'rôl canfod bwtri'i brydyn,
ac yna curo'r gragen gain
yn racs ar engan ger y llain.

Ni ddylit wfftio at y ffaith
fod craith ynghlwm wrth harddwch
— ond cymer wers, fy lodes ddwys,
nad glwys yw pob prydferthwch
a hyn yw hanes dyn o hyd —
caiff aml i gnoc ar engan byd.

Cyfannu: cyfres o gerddi

Cylch

Corff y cudyll coch
yn offal rhacs ger priffordd . . .
nyth i'r pry' chwythu . . .

Pyramidiau

Mae pyramidiau'r Aifft mor hen
â thechnoleg yfory
o'u cymharu â'r rhai anweledig ond gweladwy,
sy'n bod er seiliad byd . . .

Sylfaen y rhain yw pob llain a llethr,
cynefin creaduriaid yn lloriau i'w llofftydd.

Yr ewigod dillyn yn dorf ar y borfa
y rhai a ddiflanna fel gwynt drwy'r gwair
os tyr smic ar eu clustiau tenau.

Ond o orseddfainc ei deyrnas
daw'r cheetah yn llechwraidd
yna'n drydanol — yn farwol follt,
a bydd gyr yn fyr o fynn . . .

Yn ôl yn sicrwydd ei benarglwyddiaeth
syrth i siesta'r safana — a llyfu'i safn . . .

Ar ei gefn, o dan ei flewyn sidan —
chwannen, ac yr oedd un o'i hil
yn bod cyn dyfod yr un Pharo yn deyrn.

Dychwelyd

Hen yw claddfa'r hil:
deorfa a meithrinfa
er oes yr iâ yn Eryri.

Yma,
dan do'r bont yn y dŵr bas
gwelwn ar gychwyn gaea'
ail-chwara' hen ddrama'r creu.

Eogiaid o'r eigion
wedi igam-ogamu — y pymtheng milltir i fyny —
nadreddu drwy ddŵr y cei, yna o grych i bwll,
neidio, gwingo yn llithriadau llathr ar alwad greddf:
esgyn i theatr eu hesgor.

Dawnsiant
yn barau cyn bwrw
i ias y caru digyswllt,
symbylant gorff wrth gorff ar y gro,
agorant y rhychau cyn ffrwydrad cryndodau
a dodwy o'r fenyw filoedd ar filoedd o wyau
i fowndian i glydwch graean.

Yna yntau —
i'w renc yn y rhych,
ymollwng hadlif — yn gyfrwng gwyn —
ond dim ond un hedyn a barha'r hil
i ffurfio, gwingo yn ei wisg
o blisgyn tryloyw hyd gwr y gwanwyn
nes torri'n bysgodyn
yn nŵr y feithrinfa sydd yma
er oes yr iâ . . .

Dail

Gollwng eu gafael a wnânt;
dinoethi'r coed yn eithaf
hydref eu rhodres.
Lluddedig wywedig ydynt
heb fedru meddwl am ddim
ond am y ddaear ddu
a chysgu, dan gynfas
o eira gwyn . . .

Bellach nid yw'r dail ond ysbeilwyr
yn dianc o gelloedd y canghennau
a thyrau hen balasau beilch . . .
Disgynnant yn igam-ogam i gyd
nes cyrraedd proletariat y pridd
o'r lle y daethant . . .

Sêr

Bellach nid yw nos i nos yn dangos gwybodaeth . . .
O balmentydd y dref mae gwawl brwmstan
y neon-oleuadau yn gwahardd y gweld.

Yma, yn nos hen ffasiwn yr unigeddau,
ym mhlanetariwm y dyffryn
mae'r wybren bron, bron fel y bu
yn adeg Galileo a Kepler . . .
gwreichion yr uchelderau yn fflachio
ar draws gofod dychymyg.

Orïon yr heliwr
ac o gwmpas ei ganol ei gleddyf gloyw
wedi ei hogi ar engan y nef
a'r min yn agor ymennydd.

O ble daeth gwreichion yr entrychion yn eu tro?
O ble daeth y glec a'u gollyngodd o'n hynysydd?

I nain — yn oes symlrwydd a salm —
'Ôl bysedd Duw ar sidan' oeddynt i gyd:
yn cyd-gordio, yn cyd-ganu â sêr y bore,
yn asio yn egni eirias
a'r goleuni'n teithio o oes i oes.

I ble yr ânt pan sugnir hwy
drwy welltyn amser
gan lwnc ebargofiant?

I nain yn yr amser cyn dyfod dyddiau bwhwman
o blaned i blaned,
cyn clywed ohonom y galwadau cryglyd
ar draws gwagle'r gofod,
cyn i Apollo a Gemini adael eu sbwriel ar lwybrau'r sêr
— dim ond un seren newydd a fu erioed,
un a ddenodd ddewiniaid
ar longau'r anialwch hyd lanfa Bethlem . . .

ac yr oedd cof am y gomed glaer
yn cyfeirio cwmpawd ei rhawd ac yn rhoi
goleuni iddi drwy nos ei dyddiau Herod.

Ond heno, yn y dref, yn y gwawl brwmstan
a sêr gwib yr hysbysebion yn dallu, yn denu . . .
nid oes neb yn edrych i fyny am y golau clir.

Robin Goch mewn Mynwent

Nid ar ben rhiniog y'th welais
ond ar ben bedd â'th fron yn fflam
yn haul y bore;
rhoddai melyster dy osber ystyr i wacter
hyn o fyd, a hi'n Fedi
ymadael y gwenoliaid.

Bu un o'th dras unwaith
ar bren y Groes
â'r Gwaredwr arni'n hongian . . .
yn ei ffwdan yn Ei gylch
golchodd ei ddagrau,
gefeiliodd y drain a dyllai ei dalcen
a diferodd y gwaed
ar y fron a fu mor frych.

I eraill fel arall y bu:
ar erchwyn uffern yr oedd . . .
peiriant tân o aderyn
yn cario pigiad ar ôl pigiad i'r pair
a deifiwyd lliw mynwes y diniwed . . .

Heddiw, a'r awyr yn fantell Mair o las
mae'r dref yn cyndyn godi:
mwg pren mesur o'r simneiau
a pheswch-'smygu'r cerbydau cynnar
a daw'r teimlad fod daear yn drist:
ac yma yr wyt eto
ar bren y groes ac ar riniog uffern.

Haint Traed a Genau

'Roedd awyr fel awyr Blitzkrieg hyll
dros y cwm yr hydref hwnnw
a'r haint oedd byrdwn paderau
a phwnc pob caban a phonc . . .

Pen y Bryn a drawyd gyntaf —
Lerpwl o sioc yn hafoc derfyn yr haf . . .

Sgwadronau'r drudwy a'r brain,
Messerschmitts a Heinkels yn dartio
a hedfan yn isel, yn bomio budreddi
o dyddyn i dyddyn drwy'r dydd . . .

Joni Tŷ Coch, swp o silicosis fel llyfr dros giât,
ei olwg yn dyst o'i waeledd,
a'i eiriau i bawb a âi heibio
'Ma' nhw wedi mynd â'r cwbwl o'dd gen i.'

Y nhw — gyda'u gynnau-syfrdanu'n-gelain
a'u rhyddid swyddogol i fynd o feudy i feudy fel
gestapo gwartheg y gelltydd — yna gadael
yn eu lifrai oelddu i ŵydd-gamu i'r tyddyn nesa' . . .

Hogiau'r dôl o'r dre' draw
yn Buchenwaldio wrth geibio caeau Chwarel Goch,
agor ffwrn o ffos, a'i llenwi â changau crin
yna paraffin i fwydo poethwal . . .
rhegi wrth lusgo'r llwythi drwy'r llaid,
pentyrru pob buwch a llo ar allor poethoffrwm -
fforest o gyrn a choesau celain
yn aros y tân diwethaf . . .

Tanio . . . fflamau tew yn llyfu'r cymylau . . .
sŵn suo . . . arogl blew a saim yn codi cyfog,
mwg trioglyd yn treiglo fel amdo du dros y cwm . . .

Ar gloddiau, a brigau — brain
yn aros i'r marwydos oeri
â'u marchnad ddu . . .

Haint yn chwalu o borfa i borfa a'r dydd yn byrhau
o garn i safn, yn swigod ar dafod
yn lafoer lastig — yn bwll dan aerwy pob buwch . . .

Daeth 'Diolchgarwch' fel erioed
i'r cwm yr hydref hwnnw;
clywyd Tomos Disgwylfa . . .
    'Er i'r praidd ddarfod o'r gorlan
     ac er nad oes ychen yn y beudái
     eto . . .'

Ogleuaf y drewdod, clywaf y clindarddach,
gwelaf y nosweithiau cochliw
a'r caeau gwag . . .

Panorama

Sabath o Dachwedd syber,
crawcian cigfran dros y cwm;
galarnad y saint yw rhwd-erydiad sinc
sy'n fflap ar ffenestri'r capel;
arafwch, llonyddwch y lle,
atgofion llawn o'r adfeilion llwm . . .
lleisiau, hen wynebau'n wefr.
Mynd mân a buan Mani bach Cae Canol . . .
Wil Ffowc Garneddwen, yn tyddynna ar gramen o graig . . .
Dwylo Bob Cwm Deiliog,
talpiau o ddur — testun Dürer . . .
Rhimyn rhedyn ar hyd
les y cloddiau cerrig yn yr unigedd.
Sibrydion o gyrion ambarél yr iorwg
bywyd o fudandod murddunod, beudái . . .
Buan yr aeth brwyn trwy weirglodd Tan-yr-Allt,
lle bu cotiau yn goliau yn y blynyddoedd gwyn . . .
Ffrwydro . . . pincod a nico . . . drwy'r nen;
Cofio gweld gwreichion 'sgidia hoelion, neu hen
glocsiau yn bracio beiciau ar y lôn bost;
gwyllt cyn-bo-nos — yr hast o'r gwaith
i ailgydio a llibindio'n y lle
aberth ar 'fuwch a llo' o libart . . .
Blwng ardal ddi-blant,
cyfoeth diwylliant ond cofiant . . .
ar lawr heddiw ar y lôn
rhaib o'r biniau yn rhemp,
crosiét o sothach sinthetig
garwedd ar ôl cŵn diddiadell yn segura . . .
Llen ar ôl llen o law draw ar yn ail dros Foel Eilio
mynydd-dir fy hiraeth;
cof bellach yw'r cyfan
a hofran mae cigfran o hyd dros y cwm.

Edrych ar Chwarel Dinorwig
(1991)

Yn ei bri
hon oedd ffon bara'r fro;
Afallon mewn tafelli.

Yn y tyllau a'r ponciau
crogai dynion wrth raffau —
corynnod y creigiau
yn ebillio a llenwi â phowdwr du
yn barod i'r saethu
'Ffiar — I'r cabanau'. FFRWYDRADAU!

Llechfeini — yn blygion fel torthau
yn bowndian o bobty'r graig
i aros eu trin ar radell o glogwyn.

O'r tyllau — i'r gwalau ar wagenni
at grefftwyr y celfi;
y cynion, morthwylion a'r cyllyll main
a dorrai y ladis a'r prinsesis
mor denau â brechdanau
te dydd Sul mam — ers talwm . . .

Heddiw eto mae dynion
fel pryfed ar bared y bonc
ond di-hoelion-mawr, di-felfaréd
yn bodlon fynydda, hamddena,
heb gorn gwaith i'w galw o'u gwâl,
yma, lle gynna' y bu'r hogia'
yn troi cerrig yn fara.

'Yn y dwys ddistawrwydd'

Ac wedi canu emyn . . .

Cyd-weddïo,
methu canolbwyntio,
y meddwl yn crwydro —
cofio . . . yn sŵn harmoniwm,

A swyn mawlgan;
rhediad rhyd dros raean,
llifeiriant clych maban . . .
loetran . . . yng nghwm Bedwargoed . . .

nef ddihafal . . .
pyllau crwn fel crisial
a 'nhad yno'n ddyfal
â gofal o Bont Pilars

ar ei gwrcwd,
asiad byw o'r cwmwd
yn dal brithyll cefnrwd
â gêr amrwd y gwladwr;

ond eiliadau
y weithred ar liniau
a oroesodd dymhorau . . .
mae dyddiad ar lechfaen

heddiw'n brifo . . .
ond er dydd ei briddo
daw a chyd-enweirio
eto . . .

Daw

Daw'r haul wedi'r heth,
i blygion pridd daw blagur . . .
wedyn daw'r cnydio . . .

Gwynfyd Eirlysiau

Mor addfwyn ag angylion
pan ddônt â'u pennau crwm
ond mae rhyw wydnwch ynddynt
a goncra'r tri mis llwm.

Mor bur eu cannu cynnar
'rôl bryntni'r gaeaf du
ac nid oes dim cymharol
â glendid llwyr eu llu.

Mor bendant ŷnt bob blwyddyn
yn seinio'r Deffro Mawr,
ac er i'r hin eu herlid
daw gwawl y nef i'r llawr.

Llysywen

Angerdd sydd trwyddi'n gwingo, — yn annog,
    yn tynnu, yn tanio
  ei greddf, a'i gyrru o'r gro
  iasoer, i fôr Sargasso.

Pioden

Nid cymwys gwisg eglwysig — a'i buchedd
    Yn bechod dieflig;
  Gwawdia a dwrdia mewn dig
  O'i thalwrn uwch-gatholig.

Y Gylfinir

Yn huodledd ei ffrydlais — mae hiraeth
    Am orwel, neu adlais
  Hyglyw y môr yn goglais
  O uchel lefel ei lais.

Ceiliog Ffesant

Ei adael wedi'r bwydo, — yn y gwair
    I'r tir gwyllt ail-lunio
  Ei anian, cans 'rôl heno
  Targed fydd ei dynged o.

Glas y Dorlan

Nid yw rhuddem y gemydd — na'i emrallt
Ond amrwd eu deunydd
O gael yn gwau drwy'i gilydd
Liwus rwysg ei las-a-rhudd.

Crëyr Glas (Crychydd)

Gwelw fel delw'n y dŵr, — yn asio
Â brisyn* y basddwr;
Un stab, â'i hirbig heb stŵr,
Y sgawt a dry'n bysgotwr.

*'brisyn' — chwa o wynt yn crychu'r dŵr.

Y Barcud Coch

Yn y frwydr rhag ei ddifrodi — a'i gyrch
O gylch llynnoedd Teifi,
Ei gringoch ŵn welwn ni,
Un a roed ar fawrhydi.

Eryr

Un o natur fwlturiaid — yn y gwyllt
Â gwaed ar ei damaid;
Efo rhwysg ei roi fu raid
Ar faner y Rhufeiniaid.

Y Gigfran

Geilw hon am gelanedd — yn uchel
Yn rhychwant y garnedd:
Croes ddu mor bygddu â'r bedd
Ogylch y maith unigedd.

Y Gwcw

Cymeriad llawn camwri — a'r ddeunod
Hynod yn ei henwi;
Ei rhodd o ŵy a rydd hi
I arall ei ddeori.

Y Wennol Ddu

Yn uchel clywn ei sgrechian — a'i hadain
Fel pladur yn hymian,
Yna myrdd o wybed mân
Ddaw i adladd ei hydlan.

Aderyn y To

Bwndel del mewn brown a du, — mae i hwn
Abram Wood o deulu.
Ei drydar sy'n byddaru,
Band yw'r teyrn is bondo'r tŷ.

Nico (Cynan)

Ffrydiodd clych-dincial ei alwad — yn wefr
O'i aur, du a sgarlad,
Offeryn cerdd uffern cad,
A llosg-anadl llysgennad.

Cudyll

Ei adain fel llafn pladur — yn agor
I'w hogi'n yr awyr:
Yna dart o'r erfyn dur
A'i nod am waed creadur.

Gwyddfid

Â'u gwyleiddiwch ar gloddiau — a llwyni,
Llenwir yr holl ddyddiau
Hir o haf, a hi'n hwyrhau,
Â sawr atgofus oriau.

Penhwyaden

Ciaidd yw deddf Blaidd y Dŵr, — hwn nydda'i
Gorff cuddwedd fel milwr;
Gwthio a swatio, ond siŵr
Yw ei loywddart, arch-laddwr.

Eirlysiau

Syllais, gwelais eu golau — yn gannaid,
Y gwannaf llusernau:
Saif y rhain ar ungoes frau
Mor eglur eu miraglau.

Pabi Coch

Petalau cain yw blodau co', — yn rhudd
Yn yr ŷd yn chwifio;
Hwy hefyd a bair gofio
Y graith ar bellennig ro.

Gweld Rhosod Gwyllt

Irlwyn yn fôr o berlau — a hen wrid
O ro eu dyfnderau,
Ond dinerth-brydferth yw brau
Olud y lli petalau.

Ffarwel Haf

Llu perffaith a'u lliw porffor — â'r galon
Aur, golau i'r tymor
Sydd â'i wgu du ger dôr
A'r wylo pan ddaw'r elor.

Natur o'n Cwmpas

Patrymau a rhithmau'r rhod, — a ninnau
Yng nghanol rhyfeddod;
Dryswch byw, eiddilwch bod
Hen arfaeth dan hen orfod.

Arwyddion Gwanwyn

Trwy'r curlaw y mae cenawon — y cyll
Ar y coed yn brydlon:
Er hualau rhy greulon
Gwanwyn sy'n y llwyn yn llon.

Cymylau

Glaserwau yn glasurwaith — rhyw beintiwr
A'i bwyntil yn grefftwaith
Yn y llaw, a'r cyfrwng llaith
Yn trimio y patrymwaith.

Cynefin

Rhoddwyd i bawb ei wreiddyn — yn hen bridd
Maethlon bro ei gychwyn,
Cael iaith a chof maith, mae hyn
Yn wyrth ein bod a'n perthyn.

Cariad, ymlyniad wrth le, — hen berthyn
I hen barthau, rhywle
A'n deil o waun i dyle
Yn rhwym yn llinynnau'r we.

Anrhegion

Uchelwydd, tinsel a chelyn, — iorwg,
Hen sieri a ffowlyn,
Cardod tu ôl i'r cerdyn,
A rhodd wag i'r llariaidd Un.

Y Geni

Hon oedd miragl y miraglau: — baban
Mair wiwlan dan olau
Seren wen, a'r llawenhau
Anochel uwch cadachau.

Llythyr Siôn Corn

Yn eisau, anrheg y preseb, — ei hud
A'i wên o weld wyneb
Baban y Fam wiwlan heb
Ildio ei naturioldeb.

Nadolig Newydd

A ni yn amser Herod — yn ein byd,
O, na baem yn barod
I Dduw eto'n faban ddod
Â'i bergan dan ein bargod.

Cawodydd

’Nawn Sul o hydref tyner
a dail y coed fel tân,
o’r awyr swrth clywn dincial
fel nentydd pell a’u cân.

Heb chwa o wynt drwy’r ysgall
eu lluwch aeth dros y tir,
a chlywais yn y storom
aur glychau’r nico’n glir.

Capel Fach-wen

(Yn Arfon)

O fyd chwarel, tawelwch — a seibiant
        Ar Sabath o’u c’ledwch:
    Nef i’r blin yno fu’r blwch,
    Ddoe eu haeddiant oedd heddwch.

Braenu lle bu canu cynnar, — a’r llain
        Lle bu’r llu addolgar;
    I’r golwg daeth awr galar,
    A sbeit yw’r murddun sy’n sbâr.

Gwylnos Calan

Ymson â Hynafgwr Amser; — oedfa
        Am adfyw a phleser;
    Hyfryd sôn am fyd y sêr —
    Rhwydwaith o nerth a breuder.

Derw'r Gors

(Anrheg gan Emrys R. C. Jones, Carmel)

O fynwent sur y fawnog — hen goedyn
  A godwyd o'i driog:
 I'm myfyr gwna lyfyr lòg,
 Awdl canrifoedd hirhoedlog.

Llyfr

(Gweld ffosiliau yng nghalchfaen wal gerrig)

Ffosil-'sgrifen o'r gorffennol, — cregyn
  Yng ngwasg craig foreol;
 Rhyw hen sgript mewn cyfrin sgrôl,
 Hen oes mewn print arhosol.

Sul y Cofio

Tawelwch y petalau — a edrydd
  Bob hydref am angau
 A droes haf yn aeafau,
 Gwanwyn brwnt eu gwynnin brau.

Y Sgwâr

Un llanc wrth herio'r tanciau, — aberth trist
  Aberth trech na'r angau,
 Ond rhodd hwn oedd nid rhyddhau
 Dwyrain, ond agor dorau.

Mandy Turner

(Y ferch a weithiodd am sganar drwy gyfnod ei chancr)

Ei chur a'i baich a heriodd — â mawredd
Cymeriad; dioddefodd
Dwf y cancr, ond fe'i concrodd,
A rhoes y miliwn yn rhodd.

Englyn Coffa

(I Mrs E. Robinson, Y Fflint)

Ei rhinwedd oedd gwarineb — y werin
Wrol lawn ffraethineb,
Ond nid bodlon oedd hon heb
Rasau Baban y Preseb.

Er Cof am Tom Huws

Chwarel a'i chellwair a ffeiriodd — am ddysg,
Am ddesgiau, ond rhoddodd
Ei rhin mewn Cadwynau'n rhodd,
Yn drysor nad â drosodd.

Sonata'r Lloergan (Beethoven)

Hynod yw maint ei chynnwys, — mae'n hwyrol . . .
Mae'n hiraeth . . . mae'n orffwys;
Mae'n gariad trwy'r teimlad dwys
A'i nodau yn baradwys.

Thomas Pennant, Downing

Actau fu'i ysgolheictod, — byd o bell,
Byd byw, bro'i breswylfod;
Ei Ddowning nawr sy'n ddinod;
Cofeb neb, mangre heb nod.

Y Gwyniad

O'r adeg y bu i Degid a'i rewlif
Feirioli, ond odid,
Gwynlas a bras ynddo'r brid
A hanes pysg cynhenid.

Yr Eog

Hen frenin a ddeil gyfrinach — y dŵr
O'r lle daw ei linach:
Hwn ni fwyty bryfetach,
Eto, mae'n bwydo o'r bach.

Y Pasg

O alar Ei groeshoeliad, — ac arswyd
Gorsaf Ei orweddiad,
Daeth gwas i deyrnas ei Dad;
Hedyn yr Atgyfodiad.

Duw

Mae'n fwy na'r mawr ym mhob mawredd, — o'r creu
I'r Crist, ac act ryfedd
Dryllio, trwy wyrth, byrth y bedd
Yn drylwyr — Anfeidroledd.

Dewi

Gwahanol i'w Eiriolwr, — yr Iesu
A droes yn win loywddwr,
Ydoedd: yn null Gwaredwr,
Trowyd gwin gan Ddewi'n ddŵr.

Dydd Gŵyl Ddewi

O'i arfer yn anorfod — mewn cenedl
Y mae'n cynnal undod,
Ond daw gwacter disberod
Os am ddydd y bydd yn bod.

Amser

Hen drefn nad yw ond defnyn — yn aros
Iwerydd ei thennyn;
Nid yw arfaeth ddiderfyn
Ei swm ond ochenaid syn.

Melodïau: cyfres o gerddi

Melodïau

'. . . Mae melodïau'r cread er dy fwyn . . .'
W. Rhys Nicholas

Dinas yw briglas goed y brain
a'u disgord yn gord o gerdd,
yn wyrth bur o wrth-bwynt,

a daw melodïau eraill fel mawlgan gwylanod
a'u desgant uwch disgiau
a swch yr arad yn troi'r sofl.

Dônt yng nglas y dydd
pan fo'r fronfraith a'r fwyalch yn ymfalchïo
ac yn seinio serch.

O gôl y fawnog daw sain y gylfinir,
ddydd a nos, Pan-bibydd y niwl
yn gyweirnod i'r atgyfodiad.

Dônt ym murmur dail, yn awr rwysg min yr hwyr,
a phob pren a deilen ar dân yn rhwydwaith y marwydos;
o gangell y gelli daw cathl eos nos i berseinio'r nabl.

A hi'n haf, dônt ym mhnawn y dydd
yn y cae, yn y coed o bob cwr
yn hymian hir o *jazz-band* gwenyn yn harmonïo.

Yn isel, yn gêl ond â gwefr, dônt o ddwfwn du
arfor â chynghanedd sain y morfil
yn cyd-gordio wrth nofio fel y duw Neifion.

Daw'r eogiaid a'u hud o'r eigion
i fwrw grifft, a rhai i farw i greu;
antur a dry'n recwiwm y llednentydd.

Dônt, yn nysgub dail,
a'u tanlliw dihafal fel symbal sain
o engan gofaint Mihangel.

O rinwaith y corynnod, yn daeniad hyd abacws sidanwe
ceir cipdrem ar lyfr-erwydd gemog
y gwlith a chyfeiliant ysgafn y glaw.

Yna i'w dymor daw'r heth a'r dymestl
a'r brigau llymun fel batonau yn llamu,
yn Vivaldi o drwst, neu'n symffoni drom,

a daw'r goleuni ar orwel a dirgelion yr eira
a stormydd anian fel drymiau'r tympani,
melodïau a rhythm miraglau'r rhod.

Pincod a Nico

Eiliad, syniad o glywed sŵn
esgyll aur uwch ysgall haf
a hwyl anghymarol o'u campanoleg.

Cofio i un anfon nico'n ôl
i Fôn o Facedonia,
i lon diwn ei Lan Dŵr
o ganol y gynnau . . .

a chofio llun dyn dwys,
wynepdrist Fethodistaidd,
ei wedd a'i farf laes wen,
yn rhythu o'r düwch
yn driw ac yn dalp o'r drefn —
un o arwyr unplyg oes Fictoria.

Tu ôl i'r düwch a'r tristwch — trem
un a welodd, un a glywodd felodïau'r dirgelion
tua Galapagos.

Ysgytwodd gred pan welodd griw
o'r esgyll aur a phincod melodus
o gerddorfa'r creu ym milodfa craidd
ynysoedd y Genesis . . .

Wedyn, blynyddoedd o oedi,
petruso, ailwrando ar rin
nodau byw y clychau bach
yn gêl, ar gasét ei gof.

Hyn a droes yn druth
dieithr o'i feudwyaeth . . .

Cofio'r cyfan
mewn eiliad o wrando a gwylio eu gwefr
yn ysgwyd eira'r ysgall
ar ryw awr o hud ddechrau Awst.

Noson Serennog

(Paentiad enwog Van Gogh)

Gwelaf uwch fy mhentref, pan edrychwyf ar y nefoedd,
y sêr a'u golau fel leser o galed,
yn gofrestr rhesymau dy wallgofrwydd . . .

Un oeddit o wahanol nyddiad —
eneidfawr, na chefaist ond adfyd
a dirmyg — adyn o glerigwr,
un o enaid fel ffwrnais wynias.

Ai adlach oedd o'th fyw afradlon
pan feginwyd nwyd yn fflam, pan ganai sêr y nos
neu o dan danbeidrwydd haul dros frethyn melyn y maes?

Daear a'i cherddoriaeth a roes ryw gymaint o'r 'hedd
na ŵyr y byd amdano' — ond rhai a'u rhawd
fel ti yn arbrofi â thonnau paent yr haul.

Yn Arles fe glywaist gerdd, fe genaist gân
y lliwiau sy'n y pethau pefr.

Ar gorwynt dy greugarwch nid oedd pall;
nid oedd poen o'r gwynt ar groen na'r haul yn gramp
ar dy athrylith, na 'chwaith
chwiw y gorliwio —
ond mynegiant o'r gogoniant a'r gweld gwyllt.

Yno'n hipi cyn bod hipi, a'th hynt
yn her i fyd synhwyrau —
a'r noson honno . . .
dy hun, cannwyll ar gantel dy het
yn olau, yn bŵer i dy balet —

Myrdd chwrligwgan ar weilgi sidan oedd y sêr
a chwch o loer mewn trwch o las
pur o don i don drwy'r nef yn denu
dy enaid i gydganu yn ecstasi'r grymoedd
a deimlaist dan loerenni'r gromen;
ac esgair a'r gypreswydden ddu
a'r llan yn drwm o gwsg.

Sonata'r Lloergan (Beethoven)

Crud y nef dan hud nos,
drych o'r tir uchel,
lloer yn caboli Llyn Padarn yn ddarn o ddur . . .

Sêr, a sêr tyner tonnau fel arian
yn hiraeth yn yr ymysgaroedd
am hedd rhyfedd yr arafwch a gaed yn y dyffryn gynt.

Telyn a'i hud yw'r coed helyg
a'i halaw o'r geulan.
Sgôr yw'r tonnau'n torri
yn chwerthin gwerin yn y gwynt.

Hyn yw natur dy sonata
a'i nodau a phob symudiad
yn gân am ogoniant
awr hud lawn rhith —
un egr — a thi'n unigrwydd
creu, heb allu teimlo na chlywed crwth
y dail yn siambr y glust,
ond tôn dawel dy delyn
a enhuddai'r llonyddwch . . .

O oes i oes mae ias y wyrth
yn adfer drwy'r lleufer llathr.

Llawenydd

(Wedi darllen The Story of my Life, *Helen Keller)*

Ias ac ecstasi
yn esgor o'th stori.
Teimlad o syfrdandod yn felodedd
a nyddodd dy holl addysg.

'Roedd melodi ym mhob ymweld praff a'r gweld prin
yn llonni miwsig-taro dy ddallineb.

Gwledd ydoedd pob gwawr lawn gwlith,
a'r haul a'i wên yn llawenydd amlwg hydeimledd
teimlo lliw petalau'r rhos ar gledr llaw,
swae a swyn y lili ym mherseinfa'i sigl.

Sain, un o argraffwyr dy synnwyr,
llais a sŵn yn creu lliw
yn hardd mewn gardd er dy fethu gweld
pŵer eglur o gresiendo'r peraroglau.

Gwenyn yn swnian, yn hymian o fore hyd hwyr
fel murmuron pell y tonnau
yn ganig rhythmig yn yr ŷd.

Sisial dihafal dail
y poplys yn garol gorfoledd.

Anian aeddfed Gorffennaf
ac Awst, yn rhoi ffrwyth gorlwyth o gân.

Arlliw telyn haf o'r berllan
oedd ym mowndian meddal cwymp afalau,
yna eu rhoi'n gariadus ar dy rudd,
a theimlo gwres haul
a'r llyfnder cynnes hardd.

Yna hwyl o'u hel i arffed ffedog
a throi'n llawn dawns a thrwst toc i'r tŷ.

Melodedd dy holl deimladau
a droes eiliadau clir yn rhai o wir weld.

O Grist y Groes

(Wrth syllu ar ddarlun o waith yr ecsentrig Dali)

O'i balet, paentiodd Genasaret yn lliw gwyrdd,
ar ei lan dau bysgotwr ar gadw'r gêr
a'u cymar digymar ar y cei yn aros . . .
Dali yn cofio'r frawdoliaeth.

Yn ei ing yno'n hongian
a'i ddwylo pur ar led — Gwaredwr
ar groes, y crymwar Grist
yn Belsennu'r clasur brwnt, trwy gur a wna'r awyr yn brudd.

A oedd fel rhywun ar foddi
yn gweled, yn clywed clych
mebyd ei Nasareth hudol?

A welai, o'r groes, fugeiliaid
o gwr hir y goriwaered
yn hel eu preiddiau yn sŵn y clychau clir?

I'w glyw — a ddeuai miwsig cefn-gwlad,
siop y saer, morthwylio, llifio a llais
adroddwr stori i gyfeiliant celfi'r coed?

Neu ei fam yn ei alw i'w fwyd
— gwledd seml diwedd y dydd
a naws a hwyl cyn noswylio?

Ai paradwys ddoe yn ddwys a ddaeth
i'w gof, ac yntau yn ei gur
a lli'r gwaed yn dallu'r gweld?

'Mae'r Haleliwia yn fy enaid i . . .'

(W. Rhys Nicholas)

Daw y dydd:
egyr pob llygad,
clyw pob clust
sain cyfanrwydd pob rhyw saith.

Bryd hynny bydd yr Alffa a'r Omega yn agos
a gwêl pob cnawd mai cyfrwng fu eu rhawd
i ganu gorfoledd Teilwng yr Oen —
yr Oen a gafodd ei ladd i gyflawni addewid.

Nid atgof o'r meidrol a wneir i rediadau'r delyn.
Seinia'r anifeiliaid synau soniarus
a thrydar cain a wna holl adar cerdd.
Effro seffyr yn siffrwd
o brennau'r ardd firaglau'r Iôr.
Aria fawreddog y grymusterau
a fydd yn sŵn y bae a swae y swnt,
a bellach datguddir rhin pob cyfrinach,
unir yno gerddorfa'r anian.
Yn addfwyn ar ei Orseddfainc,
y gwelir y Creawdwr-Eiriolwr yn Un.
Ei guddio mwyach ni all byd o gaddug;
yn Ei olau fe glywir moliant
y nefol felodïau'n gyfain
eu rhythm, uwch y môr o wydr.

Penillion Telyn: Amseroedd

Profiad:

Fe geir haf yng nghanol gaeaf,
Fe geir haul mewn stormydd garwaf;
Fe geir cysur ym mhob arswyd
Pan fo cariad ar yr aelwyd.

Ar wir aelwyd ceir magwraeth
Llawn o sicrwydd a disgyblaeth;
Colli tad wna hyn yn simsan;
Colli mam — sy'n colli'r cyfan.

Bychan yw ei thŷ ac isel,
Bychan yw fy mam mewn cornel;
Mawr fy nyled am fy magu,
Mwy fy nyled am fy ngharu.

Dwylo 'nhad yn gyrn a chreithia',
Olion oes troi llechi'n fara;
Edrych ar fy nwylo meddal,
Wrth rai 'nhad nid ydynt gystal.

Wyneb nain fel clasur Rembrandt,
Düwch c'ledi is ei hamrant;
Trwyn at ên a gwefl ddiddannedd,
Ond ffrâm aur o ffydd a symledd.

Du ei diwyg fel clawr Beibil,
Du oedd 'sgidiau'r ddynes eiddil;
Gwyn oedd gwanwyn ein cymdeithas,
Gwyn ein byd dan glasb perthynas.

Fel mae nos a dydd mewn wythnos,
Fel mae'r misoedd yn ymddangos,
Fel tymhorau'r rhod mewn cwlwm,
Dyn a'i rawd sy'n rhan o'r patrwm.

Ddoe yr oedd yfory ’mhell
A gwell i’w gael na’i gofio;
Heddiw daw fel saeth i’m rhan,
Rhy fuan yr â heibio.

Ddoe ’roedd crefft y llif a’r filwg
Ar bob gwrych i’w gweld yn amlwg;
Heddiw ’gored yw’r cynefin,
Collwyd mwy na’r gwrych a’r priddyn.

Cofio’r Fron yn fferm lewyrchus,
Cofio’r plant a’u hiaith fyrlymus;
Canfod heddiw lysiau’r gingro’n
Ar y llain — a lleisiau estron.

Cydio maes wrth faes yw’r ffasiwn,
Elw ac eiddo yw’r obsesiwn;
Dod mae dydd daw pen i dennyn,
Dwylath ddofn fydd ddigon wedyn.

Tymhorau:

GWANWYN

Grym heulwen sydd yn tanio
wic isel lamp yr impio,
a'r ddaear ddu a fu yn flwng
dry'i ch'nebrwng eto'n ddawnsio.

Tynn iawn fu'r siôl amdano
ond 'nawr mae honno'n llacio;
gan fywyd tirf llawn brys a bloedd
fe wibia'r misoedd heibio.

Yn hir bu'r heth yn aros
ond yna, fel grawn unnos,
daeth eirlys dewr a ffiwsio'n ias
o fynwent fras ein gwylnos.

HAF

Mae cwmwl cotwm uchel
ar gynfas glas yr anwel;
cnydia'r tir dan frws y gwres
a pheintia'r tes y gorwel.

Mae neithdar rhos drwy'r llwyni
a'r gwyddfid lond y perthi
a'u sawr yn perarogli'r hwyr,
a'm llenwi'n llwyr — nes meddwi.

Yn anterth nerth ei ffyniant
mae bywyd oll yn fwyniant;
mae'r byd yn llawn a'r hin yn glên
ond, siglen ydyw'r rhamant.

HYDREF

Hyrdi gyrdi o gordiau
A chwil-gyfeddach lliwiau;
Un foment lachar — dim ond hoe
Cyn malu'r sioe yn dipiau.

Cynhysgaeth yw'r cyfanrwydd;
Yr hardd-drist a'r aeddfedrwydd;
Daeth hin a hoen o'r dolau braf
Yn g'naeaf cyn caledrwydd.

Daw'r wlad fel cad a'i chleisiau,
Gorymdaith y tymhorau,
I sylw stond — mewn prudd-der syn,
Saeth-nodyn utgorn angau.

GAEAF

Chwinciad yw'r dyddiau byrion
A'r nos fel blwyddi meithion;
Y ddaear lom fel haearn Sbaen
A phawb dan straen — â'u cwynion.

Ansadrwydd a chaethiwed
A'r byd yn bedwar pared;
Mae heddiw'n llwm a ddoe yn llawn,
Ac unig iawn yw'r gweitied.

Er gwaethaf strach y stormydd
A rhyfyg yr hendrefydd
Y dyddiau hyn, ceir sanctaidd wâl
Yn stabal yr achubydd.

Misoedd-Natur

COELION:

Gwariwyd cyfalaf goror,
Bu'r da yn dreth ar sgubor;
Cawn sôn am haf ar ôl cau'r drws —
Mis Ianws yw Mis Ionor.

Os llawn yw ffos 'rôl stormydd
Y tir fydd hael ei gynnydd,
Ond os trwy Chwefror heulo a wna
Tila fydd tyfiant dolydd.

Pan ddaw fel oen i brancio
Nid gwir i'r gaea' gilio;
Pan edy Mawrth fe glywir rhu
Y llew o'n deutu'n rheibio.

Cawn law i fwydo'r meysydd
A haul i g'nesu'r gelltydd;
Daw gwennol Ebrill dros y glog
A'r gog — a'i deunod llofrudd.

Bydd cwrlid ar y ddraenen
A'r ŵyn yn gwynnu'r gefnen,
Ond annoeth yw y sawl ym Mai
A hongiai'i gôt ar hoelen.

Os Mai a gwyd y gwenyn,
Llwyth gwair eu gwerth i rywun;
Os nwyd Mehefin ddaw i'w rhan
Llwy arian eu gwerth wedyn!

Ar Swithin a hi'n glawio
Cawn ddeugain dydd ohono,
Ond ar yr ŵyl os braf a fydd
Cawn ddeugain dydd o heulo.

Awst heulog a chawn weled
Ysgubau lond ein haffled,
Ond os daw lli ar li i lyn
Rhydd hyn in' grystyn caled.

Mae lliwiau perth yn addef
Cyflawnder ffrwyth i'r cartref;
Mis eithin bach a phorffor grug —
A barrug cynta'r hydref!

Pan gwymp y dail castanwydd
Yn Hydref, — maent negesydd
Yn dweud wrth wisgwyr cotwm glân
Fod gwlân yn g'nesach defnydd.

Yn Nhachwedd os bydd hwyed
Ar rew yn gallu cerdded,
Fe ddaw y glaw, wna'r sofl yn lud,
Ar hyd y gaea'n syrffed.

Rhown gelyn coch o'r brynie
Ac iorwg ar ein murie,
Ond addurn gorau'r gaea' i ddyn
Yw'r gwreiddyn o gyff Jesse.

MYFYRDOD:

Hardd yw'r gwalch dros erwau porffor,
Hardd yw rhuban ffrydiau'r goror;
Hardd yw llenni'r glaw dros glogwyn,
Hyll yw'r effaith sy'n eu gwenwyn.

Gweld y llyn a'r coed heb fywyd,
Gweld ysbeilio cwmwd hyfryd;
Gweld difodiant byd 'erstalwm',
Gweld fy mod yn rhan o'r rheswm.

Adlais o Dair Cenhedlaeth

SOUTHALL: Everton a Chymru

'Saethwch! Fi 'di Neville Southall,
'Rwy'n gawr o Gymro'n y gôl!'

Clywaf rap hapus
cwbyn o hogyn llawn her
yn cryfhau ei fost ac yntau'n foi
yn niwyg a steil ei eilun,
ac yn teimlo'n grêt ar y cae sinthetig.

Trosodd a throsodd a thrwy
gydol y gêm dyna a godai
yn fôr gwych o lafar-gân.

'Saethwch! Fi 'di Neville Southall,
'Rwy'n gawr o Gymro'n y gôl!'

Arlliw a stamp haerllug
a ddyry wefr i dyrfaoedd yr oes
wrth ymateb i'r gwrthwynebwyr.

Hwythau'r hogiau mewn crysau crand
yn ymffrostgar a llachar eu lliw
yn dwlu dan hudoliaeth
eilunod — wrth y rhain ymlynant.

Echdoe a ddoe yr un sêl a ddaeth
yma dros eraill dimau
i rythm symudliw rhith;
enfys ar gynfas enfawr.

Actio, cicio, penio pêl,
ystumiau wedi oriau o wylio arwyr
byd y bêl o'u bywyd bocs . . .

A hwythau'n galeidosgob o obaith
brau mewn bywyd brwnt.

Eu hawch i fyw drwy efelychu
arwyr traed-clai a'r sieciau mawrion,
rhuthro, neidio dan enw a nawdd . . .
busnes o gêm nad oedd ond gêm y dyddiau gynt;
sgiliau oedd ei sail — nid strip a 'sgolion . . .
Try'r plant bach yn elw'r masnachwyr
yn aberth i'w hysbysebion.

'Saethwch! Fi 'di Neville Southall,
'Rwy'n gawr o Gymro'n y gôl!'

KELSEY: Arsenal a Chymru

Tyddyn ar lethrau bryn oedd Tan 'Rallt
yn ridans o redyn
a brwyn, ond i mi'n hogyn 'roedd yn Wembley braf.
Do, bu'r gornel uchel hon
yn fan ddi-ffael i gael gêm.

Kelsey Ars'nal oeddwn i yn wir,
yn un o ddau a wnâi ein dau dîm.

Ein goliau yn nyddiau diogelwch
oedd capiau a chotiau ar chwâl.

Y bêl ledr fel darn o blwm
wedi ei mwydo yn y gwlith
a'i blaendroedio yn y glaw.
Beunydd gwnaem siglennydd o'r hen sofl —
ni oedd dreigiau y creigiau, ac 'roedd ein cri
glir yn rhan o drefn yr hen gefn gwlad.

Mynnaf, er bod y gaeaf yn gad,
y caed yn y caledwch ddifyrrwch i ddau.
Ac mewn gêm a frwydrem yn frwd,
i'w tharged âi bwled o bêl
o wn yr esgid gan blygu'r ysgall.

Oedi, nes dôi'r gwyll, yn rhy aeaf-sydyn
dros y grib — yna chwiban
y bib, a byddai'r gêm ar ben.

Yn araf, fel taith hers, y deuai yfory.
Ond Ow! deuai aml i chwip din
yn orsydyn-arswydus.

Un sicr o'i tharged oedd capten y Wialen-fedw
ni fynnai hi ddim dili-dalio.
I'r llyfwr-llaid o gôl-geidwad
twym wae oedd ym mhenalti mam.

I mam peth costus oedd mwd,
a'r crêst tail fel crwst tew
yn weddillion ar ddillad.
Ac 'roedd cadernid JCB o esgidiau
yn cario darnau o'r cae yn dolciau dwfn
o'r Wembley ar fryn i'r bwthyn bach.

'Cyfri main, nid cyfri mawr,
ddaw yma o hyd bob diwadd mis.'

Blas o'r amser di-Adidas yn dod
heddiw i lenwi'r meddwl.

Cofio
          yr hen gyffro
                              gynt . . .

'Kelsey Ars'nal oeddwn i yn wir,
yn gawr o Gymro'n y gôl!'

Dr MILLS-ROBERTS: Llawfeddyg Chwarel Dinorwig a Gôl-geidwad Preston North End a Chymru

Oedi uwch Llyn Padarn . . .

Gweld hen dŷ a fu'n ysbyty bach,
mabinogi hil yn y deri hardd . . .

Ar dro, pan egyr y drws,
arogl ei ddefnyddioldeb a erys.

Oeda'r gorffennol yn y gwynt carbolig,
oeda'r oes ddi-belydr-X.

Adleisiau ei ddoe a'r ofnau a ddaw
yn waedd yn eco'r cynteddoedd.

Wardiau a'u gwelyau yn farw o glyd.
Nid rhoi rhychwant i ramant yr wyf.
I'w gweld, yn yr eirch gwydr,
yma, gan lansio'r dychymyg,
mae rhesi o'r celfi cain,
y llifiau llathr a'r sgalpelau llym . . .

Cydwybod yn gryndod o graith
wrth fynnu olrhain darn o oes y lybeindio —
rhai miniog oedd crawiau'r mynydd . . .

Nodwyddau yn pigo, yn minio i'r ymennydd,
a'm deffro i'r pwytho a'r poen
a fu ar fwrdd y theatr fach.

Hanes yn atgyfodi o'r darluniau . . .
memrynau, dogfennau o'r hyn a fu —
cofnodion, trafodion blynyddoedd y trais.
Rhyw betrus-gywain trwy Lyfr y Damweiniau
a erys yn dystlythyr i'r hen werin.

I 'Nhad yn nyddiau slafaidd di-nawdd
creulon oedd meistri bro'r llechi â'u llach
ar warrau gwerinos y silicosis.
Dyddiau troad y ganrif, difrif, a dwys
cyn dyfod nodau
a sgrech y weiarles — a'r sgrîn,
pan oedd clywed a gweled wrth weld
yn oesol bwysig.

I 'Nhad, y fo, y Doctor, oedd y ceidwad gorau,
y fo yn y co' o hyd ydyw'r cawr
yng nghynghrair anfarwolion bro'r esgeiriau.

Dyddiau pan arhosai'r hogiau o hyd
yn eu twrn wrth y twlc;
adeg llawenydd coch diwrnod lladd mochyn
a hwyl fawr y ffwtbol o'i fewn.

Dyddiau y clocsiau a'u clem
yn tyrchu, yn rhychu Cae Tan 'Rallt.

Heno mor fyw yw'r hanes —
ein meirw hoff nid marw ŷnt . . .

Actio mai nhw oedd y Doctor
a wnâi wyrthiau weithiau i Preston North End.
Yn ddi-os trwyddo ef
y cipiwyd y cwpan,
yn wir hwn oedd yr arwr.

Y fo'r arch-lawfeddyg a fu
am gyfnod yn gwarchod gôl
Gwalia rhag ymosodiadau'r gelyn,
y fo, y Doctor Mills, a fydd
yn arwr yn Ninorwig.

Yno bu'n arbed a gwarchod aelodau
yr hogiau 'rôl damweiniau mawr.

Yma heddiw ar fidio'r meddwl
mae mwstwr yn ymestyn
o'r hen gae yn rhin i gyd.
Clywir clecian y swigan a wibiai dros wair sofl
a gwaedd o hwyl hen hogiau ddoe . . .

'O fyd! Y Doctor Mills wyf fi,
'rwy'n gawr o Gymro'n y gôl!'

Y Troellwr

(Cyfieithiad o 'Nightjar' *gan Ted Hughes)*

Ar ei gliniau yng ngwelwder y goleuni
olaf, coeden yn cropian a'i changen ar annel.
Aderyn yn llygadu'n y gwyll.

Cryna dihangfa'r haul
wedi'i saethu
i lawr gan esgyll o lwch.

Syrth y lleuad, a'i gwyfynnod yn dilyn ei chodwm
yn doreth i wyneb aderyn.

Ei grafell, ei gri hefyd,
a syrth yn wreichion o sêr.

Hyd nes bod bwytäwr y lloer, gan oeri,
yn gên-ddylyfu gwawr
a'i gwisg yn rhisgl i gyd.

Y Troellwr

Ar sil ffenest dosbarth, ces gip ar y cas
a gadwai aderyn mewn cyflwr cras.

Gwelais wrth graffu drwy'r gwydr mai gwych
ydoedd ystum y troellwr brych

a wibiai'n dragywydd dan lenni'r nos
i hela'r gwyfyn uwch rhedyn y rhos;

ac fel pe mewn breuddwyd, yr eiliadau hyn
a droes i'm maboed yn ardal Pen Llyn . . .

Ymlaciwn wrth rwyfo'n hamddenol i'r lan
'rôl diwrnod pysgota torgochiaid y fan.

'Roedd cwpan y machlud yn tywallt ei win
dros allor Eryri — a'i estyn i'm min.

Yr unig gyfeiliant i'r gosber oedd sŵn
rhythmig y rhwyfau — a'r troellwr a'i rŵn . . .

Ond bellach, cyrchfan twristiaid yw'r lle
y clywyd bob hafnos y gwehydd o'r de . . .

Bu amser yn braenu hen dapestri'r fro,
ond diolch i'r drefn am gas gwydr y co'.

Hwrê i Derfyn Llafurio

(Cyfieithiad o 'Hurrah in Harvest' *gan Gerard Manley Hopkins)*

Derfydd yr haf, yn farbaraidd brydferth y stacanau
o'n cylch; fry uwchben, y fath wynt-rodfeydd, y fath ymnyddu
o gymylau, gwawn-gydau gwyn, fel lluwch blawd, cyn llonyddu,
yn ymrithio'n ffurfiau, yn toddi, cyn gwasgar yn rhannau.

Cerddaf, cyfodaf; fy nghalon, fy nhrem a gyfodaf,
yfaf holl ogoniant y nefoedd, a lloffa'i rasusau,
chwithau, galon a llygaid, pa olygon a gaed, pa wefusau
â'r fath gyfarchiad o gariad, mwy gwir, na'r rhyfeddod a nodaf?

A'r bryniau crog-asur yw Ei ysgwydd, a gluda'r gwledydd —
mor felys â'r fioled, fel march a mawrhydi i'w rediad! —
y pethau hyn, y pethau hyn heb weledydd
ac eto'n weladwy; pan ddaw'r ddau ynghyd bydd ehediad
y galon ar ei hadenydd yn llawn hyder ehedydd,
ac yn hyrddio iddo, lled-hyrddio, y ddaear o dan ei gerddediad.

Bilidowcars

(Aberystwyth 16 : 2 : 90)

Bilidowcars mileinddu'n pysgota'n y bae
rhwng y Pïer a'r Prom — ac yn sicr o'u prae;

diflannant wedi dowcio — a chodi fan draw
fel perisgob llong-danfor — 'rôl lledaenu braw

yn fforestydd Neifion — a thrwy erwau ei bysg . . .
ffilosoffyddion beilch — yn dalpiau o ddysg

oesoedd eu haddasu i gynefin y môr
ac ar lepen o graig — fel ellyllon mewn côr.

Wrth bensynnu yma — aeth ' 'nychymyg yn drên'
hyd gledrau ein barddas a gorsafoedd ein llên,

oherwydd, sylweddolais, wrth syllu yn syn
y bu ef, un o'm harwyr, yn eu gwylio fan hyn;

ysgolhaig a gefnodd ar ei lwyddiannau caeth:
dewisodd gyfathrebu mewn symlrwydd ffraeth,

gyffro'r cyffredin anghyffredin, — llethr a llain,
llynnoedd, mawnogydd — a ffyrdd 'cableddus' y brain.

Myfyrio am yr Angau, Rhagluniaeth a ffawd . . .
'Grymuster y tangnefedd' . . . a phwrpas ei rawd . . .

Y bychan eneidfawr o fro'r moelni coeth
a drawsblannodd a grafftio'r hen gynhysgaeth ddoeth

a holl haenau hir brofiad yn draddodiad iaith
a'r rhyfeddod bachgennaidd a gynyddodd drwy'i daith . . .

a dyma'r bilidowcar heddiw, a'r môr fel gwydr,
wrth blymio'n f'atgoffa am athrylith ei fydr.

Cadwyn Bwyd

'Cynhaeaf o geiniogau':
pennawd mewn papur
ar achlysur pen-blwydd
Oxfam yn hanner cant.

Ffigyrau, brawddegau braw
yn atgoffa am y dyddia'
ym mhobman yn y byd, bron,
ond yma . . .

Yn cryno-bwysleisio'u loes
yn ddarlun du
a gwyn; grisiau o bobol
yn pasio pysgod
yn fwndeli o law i law, o lan
afon i fyny — i leddfu
rhyw ddiferyn o'r môr aruthrol
o angen . . .

Llun ydyw o'r India . . .

Cofio
i Gandhi lefaru rywdro:
'Digonol i'r hil ddynol gynnyrch y ddaear,
ond nid wrth ymarfer ein trachwant anwar.'

Caleidosgob

Gwisg o darth o'r garth a gwyd
yn raddol megis breuddwyd
yn hongian, gan arddangos
haen o hud dros gwrlid nos,
darnau'r glain defnynnau'r gwlith
yn wydrau llawn o ledrith.

Yn chwaraele'r bore bach
y rhennir aml gyfrinach;
llyfn fynwes ceiliog ffesant
yn frodwaith perffaith â'r pant,
ac irlwyn, tân ar garlam —
a fflyd o ffawydd yn fflam.

'Nawr i'r hin daw brath o'r rhew,
trwy'r holl odre try'r llwydrew —
eda' lathr a ffurfia lun
cwrel o rwydi'r corryn
ar y drain, lle gwelir dro
hyfryd enfysau'n pefrio.

Campus-drist yr artistwaith
o weoedd y misoedd maith,
ar awel lem y breuo
ar ei hynt, cotwm y fro;
esgyn sur-bêr gymysgedd
yn arogldarth o barth y bedd . . .

Paderau siwr nodau siant
wna basiwn o'r holl basiant —
rhydd ffrwythau a'r hadau rhad
fedi ac atgyfodiad
a'r hyn a adewir ar ôl,
y gwaddod, fydd dragwyddol.

Cornicyllod

Heddiw gwyliais ryddid
ysgrifenedig weledig yn yr awyr lydan;
cynnwrf ar fore cynnar
o Fawrth, a'r hin yn fwyn:
fflip-fflap-fflapian
eu ffwdan-hedfan uwch ydfaes
a'i resi yn oleuni o las . . .
Beth oeddynt — dwy faner flêr uwch yr erwau
neu hen gadach a'r gwynt yn ei godi
a'i droi a'i drosi ffordd hyn, ffordd draw?
'Hen-het, hen-het', galwant o'r haul . . .
Na, ecstasi dros y cwysi cain —
greddf â ias y gwanwyn yn gryf:
ym mhwls eu disgyn a'u hesgyn a phob osgo
o'u heiddo, 'roedd tempo rhyddid —
yn eu hoywal o dŷ llawn o wyau
a 'hen-het, hen-het' eu nwydbib ar hast:
ym meysydd eu proclamasiwn
'roedd addewid o gyfaredd i ddaear
er gwib y byd fore gwaith.

Nadolig

(Caer, 1992)

A niwl rhewllyd nos
Fawrth cyn yr Ŵyl fawr
yn drwm dros y dref . . .

Llygredd mwg cerbydau mewn ffroenau'n llosgi'n ffrwd
Amdanaf, ac arnaf lapiai'r oerni
er bod arwyddion y siopau'n gwreichioni
eu newyddion da a'u gwahoddiad
i garol y gwario.

Nadolig yr arian plastig yn rhemp yn ein plith . . .
ymestyn y cerdyn i'n cell —
pay-roll y clawdd, ac ar ôl clec
y teclyn, pecyn o bapurau pum punt
yn boeth ffres, yn foeth ffri.

O siop i siop mae'r hen Sant
a'i geirw'n ymuno'n y garol:

'Good King Wenceslas' yn asio
â hen alaw y *'First Noël'*
i hybu'r gwario mewn gobaith:
arwydd o'n dihidrwydd am yfory.

Geiriau o gorlan gwirod
archfarchnad yn rhuthrad yr Ŵyl:
'It's going to be a merry Christmas,'
a chlincian mwy o boteli i'r troli trwm . . .

Mor blaen y straen ar fôr wynebau'r stryd:
absen pob llawenydd
a'r addewid annwyl a roddwyd inni
gan y côr nefol â moliant
eu cân y Nadolig hwnnw . . .

Ai seren wib yn gwibio heibio oedd?

Heno, ym merw'r dref, anodd
yw canfod cyflawnder ymddangosiad y Seren
a'r holl wariant a'r chwant chwil
yn dallu, yn denu dyn
i rusio dros risiau'r presinct
lle'r oedd y Cyngor wedi Ei roi i orwedd
mewn preseb clai dan drem Mair wyneb clòs.

Dan strym gitâr cardotyn yn gofyn ar gân
am gymorth i ymborthi —
dim ond briwsion o'r llawnder sy'n goferu
o werddon ein byrddau, a'n llogellau'n llawn.

Lluniau i'w gweled o'r siop deledu:
y miloedd yn Somalia,
hefyd Sarajevo . . .

A ninnau yn ein moethau mawr
a'n prynu gwyllt yn pallu gweld
hen lawenydd y Gwir Oleuni
yn anthem ein dyddiau benthyg.

Ffiwsia

(Awst 1992)

Yn Awst eleni bu llwyni yn llif,
yn diferu dagrau, dafnau o goch dwys . . .

Ni sylwais arnynt yn lliwus-wylo
gyhyd, o'r blaen, ar riniog y gaeaf . . .

A wyddai'r gwyddon, yn ei gell o dŷ gwydr,
pan arbrofai, pan weithiai eu twf yn wyrth
o degwch, y dygent
o rin iaith un werin wâr
enw oedd yn enw mor wahanol?

Ai oherwydd fod Medi ar orwel,
a haf wedi mynd yn hen
y ceir y geiriau, Dagrau Duw,
a'r ddelwedd, o'r Wyddeleg?

Ai ofnau sy'n llawer dyfnach
a goleddir, a gysylltir â gwaed,
Ei waed, ac enaid eu cenedl
Yn y beichio wylo hardd?

(Y gwyddonydd a 'weithiodd' ar y planhigyn sydd o hyd
yn dwyn ei enw oedd Dr Leonard Fuchs (1501-66),
y botanegydd o'r Almaen.)

Pedwar Haicw

NADOLIG

Ynghýn celyn coch
a llathr yw'r iorwg mewn llwyn:
daw gwres o'r preseb.

CALAN

Robin ar riniog
yma'n lloffa'r tri mis llwm,
ninnau fel Ianws.

PASG

Y maen nid yw mwy:
geni eto'n ogoniant
actau o'r gwacter.

DIOLCHGARWCH

Deuwn â diolch
a sawr daear lawr ar led
yn hedd y moddion.

Oriel Theatr Clwyd

(12 : 3 : 1993)

Aros yn yr oriel;
yn aml daw'r ymdeimlad
o enaid cerflunydd
yn y creu: beth yw craidd
ac achos y cychwyn?

Oedi; gofyn 'Beth ydynt?'
Arswyd, sylweddoli'r sgyrsiau
distaw a'r distyll
wedyn i'r gweledol —
a dal, drwy grefftwaith dwylo,
wynfyd y funud fer
o wir weld.

Pathos

(16 : 3 : 1993)

Oedi, ychydig wedi wyth:
gwelais o'n gelain
wedi i fodur
ei daro i lawr wrth lordio'r lôn.

'Roedd du ei ddillad caru cain
i gyd fel hen gadach,
a'i lygaid yn bŵl-lugoer,
a baw y ffordd ar ei big
oren hanner-agored.

Ai cerdd ar swyn
oedd yn ei galon yr eiliad honno
o'r bore? Beth, yn wir a barodd
ei dranc? Greddf dianc ar dro —
esgyn, disgyn, esgyn ar osgo,
gwibio i osgoi hebog?

Ai o'r haul y disgwyliai'r heliwr,
ac isel ei ehediad rhag y *kamikaze*
creulon? Mae'n awr ar y lôn wedi'i ladd
a'r gwanwyn mor gynnar . . .

Gweddi Noa

Arglwydd arglwyddi,
  adfyd yw'r filodfa!
  Mor anodd, oherwydd dy lifogydd a dolefau agos
  yr anifeiliaid, a chreaduriaid deuryw,
  yw imi ddal fy meddyliau
  fy hun, ac mae'r dyddiau'n faith.
  Hir, hir yw'r dydd ar ei hyd,
  Arglwydd arglwyddi.
  Fy nghalon, oherwydd y tywydd, sydd ar fin soddi.
  Pa bryd y peidia'r graig ag ysgytian o danaf?
  Hir, hir yw pob dydd ar ei hyd.
  Ni ddaeth y gigfran o'i hofran yn ôl.
  Gwêl yma dy golomen.
  A ddaw hon o'i hanfon â sbrigyn o obaith inni?
  Hir, O mor hir, yw'r dyddiau o hyd.
  Arglwydd arglwyddi,
  gwylia dy lestr i ddiogelwch,
  i arffed rhyw hafan i orffwys
  yn dawel, fel y caf ddianc yno o'r diwedd
  o hualau'r caethiwed creulon.

  Hir, O mor hir, yw'r dydd ar ei hyd.
  Arglwydd arglwyddi,
  hyd nes dyfod at lan dy Gyfamod, cyfeiria fi.

(Rhydd-gyfieithiad o Ffrangeg *Carmen Bernos De Gasztold)*

Dolenni: dilyniant o gerddi

'A single glimpse of any one of his canvases is sufficient to initiate us into the mood and temper of his direct and simple visions.'
(The Genius of Peter Brueghel: Earth Memories. Llewelyn Powys)

Dolenni

Trwy gydymdeimlad gweladwy
rhannodd Brueghel yr Hynaf
awch a rhin ei werin â ni;
rhoes ar gynfas berthynas y bobl
ffraeth â phridd cethin eu cynefin noeth.

Bu'n galed y flwyddyn honno
y bu mwy o sôn am farw'r anfarwolion,
John Calvin a Michelangelo,
na meysydd llawn mosaïg y misoedd.

Agos oedd Brueghel
at hynt a helynt ei hil,
yn creu, drwy hydeimledd craff,
dirluniau fel 'Dyddiau du' yn llawn o'r tri-mis-llwm
a 'Helwyr a hi'n Eira' — wedi hen arfer efo hyn o oerfel,
'Cynhaeaf Gwair' — a miri ffeiriau a phlant yno'n fflyd,
ond i'r peintiwr 'roedd ôl palet ei Grëwr yno'n gryf . . .

Hyd heddiw mae'r adladd yn gwadd, drwy'r gweld
yn ddiwall, weadau'r ddaear,
a hen yw harddwch y tir a'i urddas
yn y peintiadau cain, dolenni tirluniau'r cof.

Helwyr a hi'n Eira

(Rhagfyr-Ionawr)

O'i weled ar bared fferyllfa Boots,
yn sawr ffroensych y siop
a grŵn byddarol sêl Ionawr yn gramp
ar enaid, daliodd fy llygaid fywyd y llun . . .

Gefyn oer yw'r gaeaf i ni
yn eithaf ein bywyd moethus;
llyffethair yw'r eira —
rhyw fyd o arafwch gorfodol.
Clywaf, teimlaf eu siffrwd hwy
a'u pac yn pacio peil carped y plu
a chlop mwfflyd y ceffyl a'i gert yn llawn o goed . . .

Mae'r gwynt yn chwyrnellu'r tân
ar fuarth y dafarn, a doli o eneth yn edrych
ar y gwragedd, fel hen wragedd erioed,
yn ei dendio, ac yn gobeithio bod
gan y rhain, yr helwyr, rywbeth i'w rannu . . .

Rhyngddynt a'r mynyddoedd —
pentref cyfagos yn glòs ac yn glyd,
a'r pyllau yn fwrlwm o chwarae —
sglefrio, cyrlio, rowlio-cylch
a'r rhew yn oer o wyrdd.

Brain. Hoff ganddo'r rhain — mynnai eu rhoi
yn eu llofftydd llwm uwch cystudd llain
i wardio'n ddu, a dwyn a ddôi
o'r llain oer i'w llenwi hwy.

Ar hast, yn darogan tristwch,
un bioden gynffon-rhuban-hers
yn plymio, yn llidio ar draws y llun . . .

Ond i erlid yr eira ym mlaen y darlun
mae'r meiriol ym mêr miaren
yn ir ac yn ias.

Y Dyddiau Du

(Chwefror-Mawrth)

O oes i oes, cododd y saint groesau,
yn undod, ledled y cyfandir
o le i le ar ochr lôn
i bererinion a fforddolion y ffydd
oedi ac offrymu pader.

A Brueghel, er maint yr oerfel, a roes
un ddinod yn y tirlun llwm o hirlwm egr.

Yn hudol, y cwlwm o wladwyr
yn hel yn ddyfal hen boethwal o'r berth —
weithiau a'n deil yn gaethion, fel na welwn
y groes yng nghysgod y gwrych.

Heddiw, cochlas yw'r groes ar fryn Pantasaff
a saif uwch 'Taith y Gorsafoedd' —
yn werddon i'r pererinion bob Pasg
i fyfyrio am y llithriad traed
a'r croeshoeliad llawn trais.

Buan y diflanna pan lifa bywyd
yn gryf i'r prysglwyn bob gwanwyn gwyllt.

A hi'n haf, hawdd ei anghofio.

Ond daw picell fain i ystlys ac asen tir,
ac eto yng nghilwg storm, amlwg ei stand
yn nod o'r atgyfodiad.

Y Darlun Coll

(Ebrill-Mai)

Gwelwn, os daw i'r golwg,
mai'r Crëwr fydd gwir arwr hwn;
os daw o'r anwel, meiriola 'Eira'r Helwyr'
a llac fydd gefel y tri-mis-llwm,
hen y gogoniant fydd yn niwyg y geni.

Yn wylaidd eu rhwysg ac yn gyfrwys-gêl,
briallu, ac enfys Ebrillaidd a chawod, yn nodi
y bydd y blaendarddu'n bêr,
a'r coed yn impio, yn deilio'n deg;
bydd ŵyn ar fanc yn prancio yn llawn boddhad
a 'laser' yr haul yn agor dorau carchar y grynnau:
mynnu parôl i'r hyn a fu'n gaeth mewn pridd.

Gwelwn, os daw i'r golwg,
y gog yn ei hamser i ganu,
a gwennol gynt nag ynganiad ei henw
yn ôl eilwaith 'rôl artaith yr hin;
a'r werin wydn yn ymfalchïo, yn gyffro i gyd;
nid gloddest gŵyl na gorchest gafl
bellach, meifod a hafod eu her.

Bydd plant yn rhos-berth o chwerthin
yn creu yn ddyfeisgar o'r amgylchfyd cras,
y creu fydd yn gynhesrwydd breuddwydion
ac atgofion pob gaeaf garw.

Bydd 'y ffiws glas' yn ias drwy hwn
yn gwreichioni pan gyffwrdd yr egni rhwyth
â'r ffrwydryn terfynol i ffrwydro
yn orfoledd rhyfelwyllt;
hyn a welwn, os daw i'r golwg.

Cynhaeaf Gwair

(Mehefin-Gorffennaf)

Nid y car llusg yn llusgo'i lwyth ffrwytha
yn ara i farchnad y werin,
na rhyw hannar dwsin o bobol y priddyn a'r praidd
yn rhoi eu pwn ar 'u penna
a hawlia fwya fy sylw . . .

Sawl ha' sy'
y daliodd fy llygad fydyla
trol wair yn bentwr o lwyth
yn hawlio gora pâr o geffyla;
a rhibin o ferchaid yn cribinio
a'r dynion union hynny
yn cyrchu i godi picwarchiad 'rôl picwarchiad
i dop y das?

Silwair a molasus llawn sylwedd
yw'r rheol amla 'rŵan.

Ar y llethra, a'r 'n cefna
yr oeddan ni'r hogia hŷn
yn cario beichia mewn rhaffa rhawn
hyd y gwyll i'r hen dŷ gwair . . .

O hyd ma'r hada
yn y chwys rhwng crys a chefn
yn crafu, yn cynhyrfu'r co'. . .

Ogla'n goglas —
sawr bloda uwch swae'r bladur
a'i llafn yn agor fflodiat lli . . .

Melynwellt Pêr y gwanwyn, a hwnnw'n uno
yn yr haul a'r gwynt, a rhoi
o'r ddôl i'r garth arogl-darth i'r dydd.

Ar ôl Swpar Chwaral — gwŷs i'r gwair;
mynnu bod o dan stiwardiaeth onest Mani bach.
Rhifid y tâl fesul berfeidiau tail —
bonws i'r Arran Bannar —
aur y ffarm i stociau'r ffa.
Rhoi hwn i ardd oedd ein siariau ni.

'Dygwyd y wirglodd 'na reit handi, hogia;
cawn siâp ar Gae-dan-lôn cyn swpar.'

Edrych tuag adra . . .
'Nos dawch' . . . 'Nos dawch 'ych dau.'
Gwich, cau'r giât
a gadael y nos i awr fawr troellwr y fan
a ffinia goed Bryn Ffynnon.

Heno, a haul Gorffennaf yn hwylio
i'w wely melfed fel balŵn
binc rhwng creigiau'r Bwlch,
ma'n ddigon gola o hyd i weld
llysia'r gingro'n fel tân brwmstan; brech
trwy Gae-dan-lôn, ar weirglodd lonydd
fel rhedyn cyn-oesol, yn rhyfel o rwydwaith.

'See you tomorrow.'
Bang! Drws Cae Canol Farm yn cau'n glep!
Digynghanedd yw Bryn Ffynnon.

Y Fedel

(Awst-Medi)

O grib Chwarel Wen i ben Hiraethog bell
mae Awst arall yn ymestyn —
heneiddio swrth wrth nyddu siôl
yr hen ofid dros wegil, yn gwrlid cain.

Ai llong yn trwyno'r lli
neu o grombil morfil y daw'r grwndi mawr?
Na, combein yn rhyw hwlc amber
ar dir a drinnir gan ryw dri.

Ble mae'r tirlun llachar
a chynhaeaf Brueghel o arafwch?

Hedfan rhygan yr ŷd
o lid ara'r pladurwyr . . .
ddoe, gŵyr fodau oedd gwŷr y fedel
yn cynnal cad o stacynnau.

O'u llafur is ffurfafen fwll, i gysgod yr onnen am fwyd,
seibiant llawn haeddiant, a thipyn o hwyl
dros laeth enwyn, neu gwrw, a bara 'chaws
wna drymwaith y pnawn yn haws hyd yr hwyr.

Ble mae'r asbri a ddaw trwy g'ledi'r llun,
hen fyd a fu orlawn o fywyd a'i fwrlwm?
Ble mae'r gymdogaeth glòs, a llais
y werin werth-chweil, ddi-steil erstalwm?

Nid realaeth yw byd yr orielau . . .

Gyrru Adref

(Hydref-Tachwedd)

Dim dail . . .
Hyn yw'r arwydd o'r ymorol
blynyddol cyn y dyddiau blin —
hen ddyddiau anodd na wyddant ddiddanwch.

Un frân, heb arwydd o frys
yn llygadu'r holl goedwig:
nid yw gaeaf yn aeaf i hon . . .

Ychen a buchod
draw o gawn a mawn mynydd
yn siglo hyd lwybr soeglyd
yn cael eu gyrru
i aeafu mewn beudy a buarth,

hyd oni ddaw ymestyn i ddydd
ac ar arfaeth amaethwr
bydd bywhau'r eidionnau du*
a'r gwair ffres, ar gwr y ffridd.

Meithrin doethineb yw ildio i'r ucheldir,
a dyn yn dychwel i dŷ ei hir aros;
dyma'r drin a dyma'r drefn
amlwg ei grym a'i symledd.

* 'bydd byw yr eidion du' — enw lleol ar blu'r gweunydd cynnar; enw arall yw milfyw — ond dau blanhigyn gwahanol ydynt.